민 감 성

전 경 원 지음

학지사
www.hakjisa.co.k

언 어

당연한 현상에 대하여 의문 갖기

원숭이 엉덩이를 보세요.
어떻게 생겼나요.

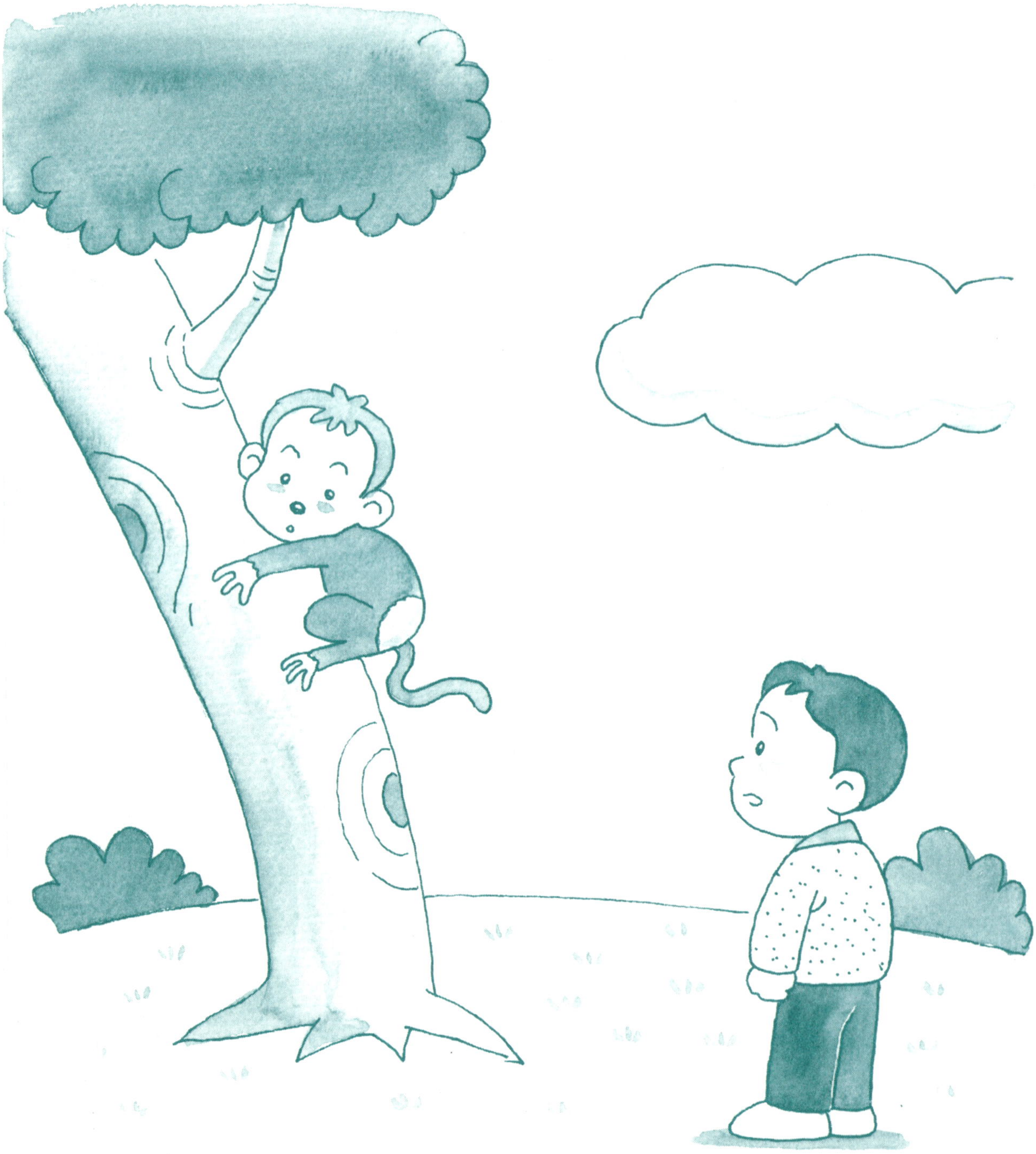

실물이 가능한 경우라면 유아가 그 사물에 대하여 충분히 경험할 수 있도록 하고, 어떠한 아이디어라도 수용하려는 자세와 유아가 다양하게 생각할 수 있도록 상호작용해 주는 것이 좋습니다.

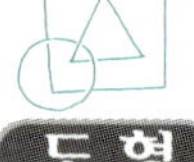

당연한 현상에 대하여 의문 갖기

왜 공은 동그란 모양이 되었을까요?
공이 동그란 모양이 되기까지 아주 많은 변화들이 있었다고 합니다.

어떤 변화였을지 그림으로 나타내보세요.

당연한 현상에 대하여 의문 갖기

토끼 꼬리는 왜 짧게 되었을까요? 아주 옛날에 토끼에게 어떤 일이 일어 났었답니다.

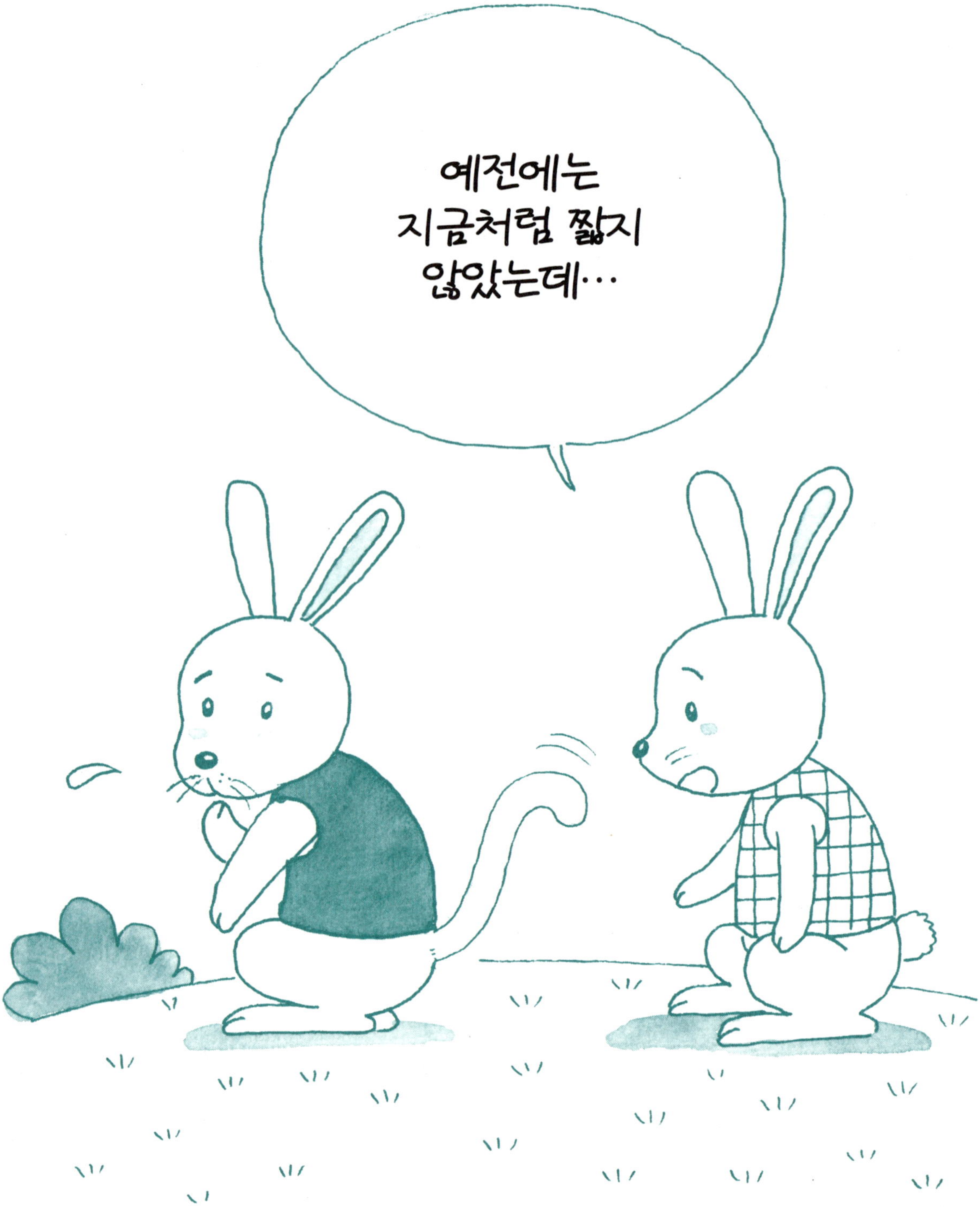

그 상황을 동작으로 나타내보세요.

　먼저 토끼 꼬리가 짧아진 상황을 이야기로 꾸며 볼 수 있도록 합니다. 그런 후 그 과정을 동작으로 나타내 볼 수 있도록 하세요 그 모습을 사진으로 찍어 붙여 주세요.

다음 상황에 내가 있다고 생각해 보세요
어떤 소리들을 들을 수 있을까요?

음식이 끓고 있어요.

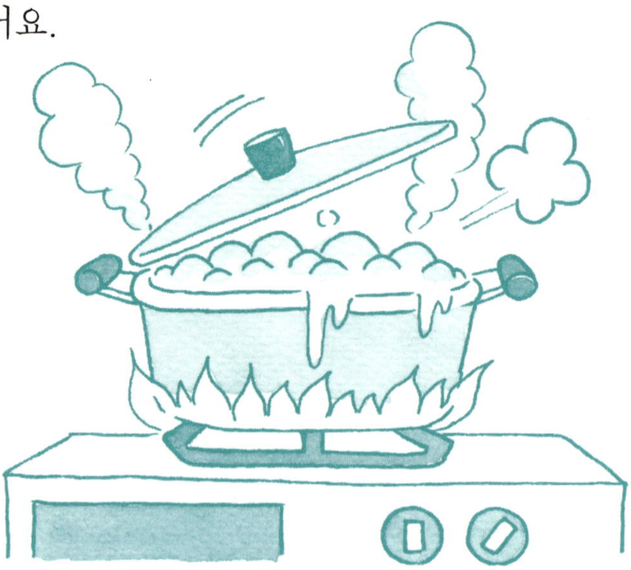

화장실에 있어요.

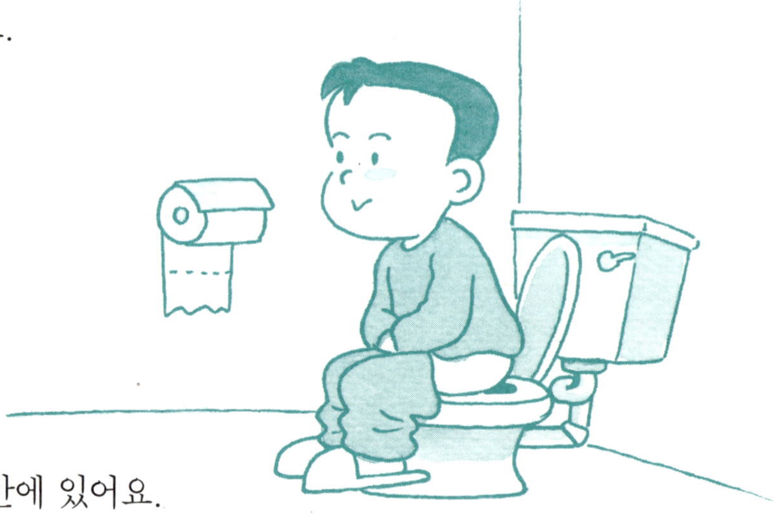

복잡한 지하철 안에 있어요.

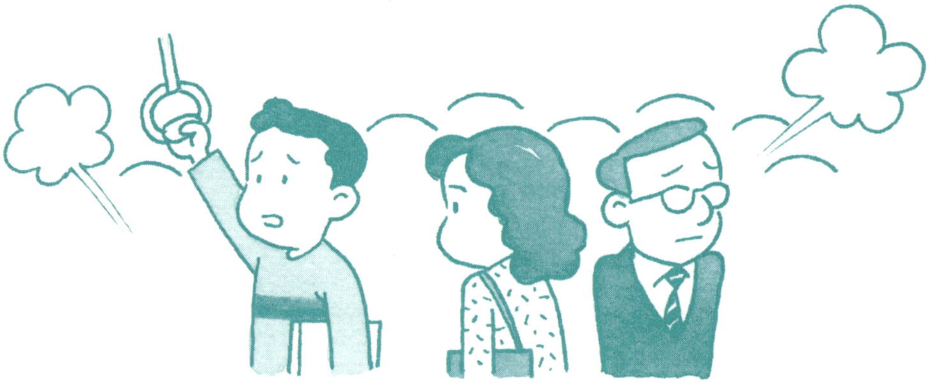

있어요.

도움말

    들을 수 있는 소리를 주변사물을 이용하여 만들어 볼 수 있도록 하는 것도 흥미롭습니다.

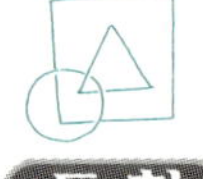

자극에 적절한 반응하기

다음의 그림을 잘 살펴보세요. 여러 가지 사물의 그림자입니다. 그림자의 주인공은 누구일까요? 테두리 안에 자세한 모양을 그려보세요.

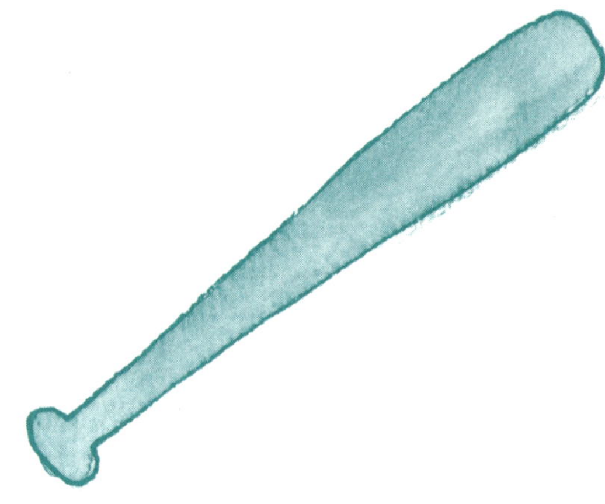

- 누구일까요? _______________

- 누구일까요? _______________

- 누구일까요? _______________

그 모양을 그려주세요.
또는 주변에서 주인공을 찾아보세요.

- 누구일까요? _______________

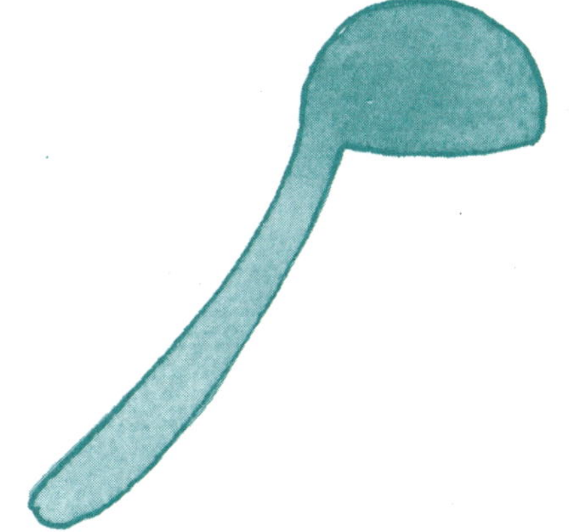

- 누구일까요? _______________

- 누구일까요? _______________

주변에서 그림자의 주인공을 직접 찾아볼 수 있도록 하는 것도 좋습니다.

자극에 적절한 반응하기

그림을 잘 살펴보세요.
그림 속의 주인공은 누구일까요?
주인공의 모습을 흉내내 보세요.

나는 ________ 입니다.

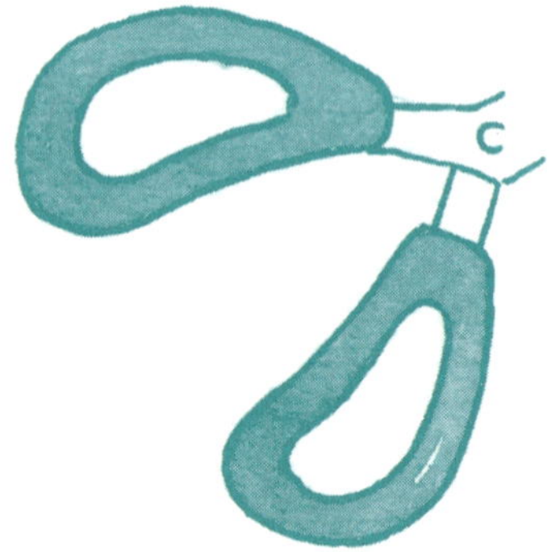

나는 ________ 입니다.

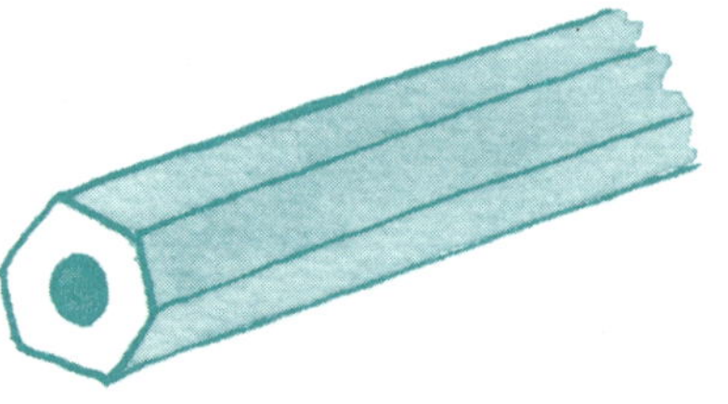

나는 ________ 입니다.

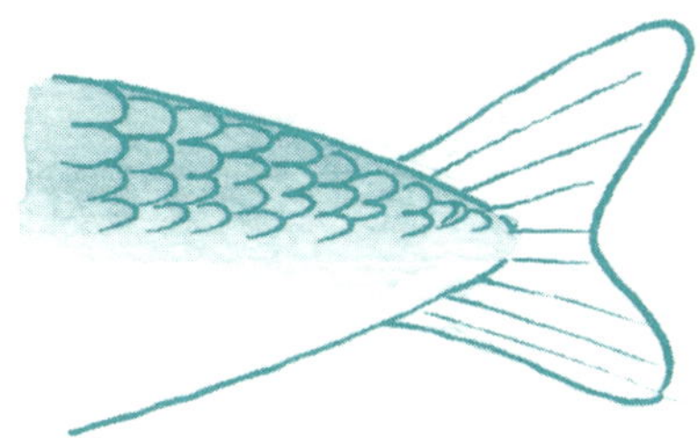

나는 _________ 입니다.

나는 _________ 입니다.

도움말

　　주인공의 모습을 다양하게(예를 들면 쥐가 도망가는 것, 먹이를 먹는 것, 친구와 노는 것…) 표현해 볼 수 있도록 유도해 보도록 합니다. 또한 그림의 나머지 부분을 완성해 볼 수 있도록 유도해 보도록 하는 것도 좋습니다.

시계가 지나가는 소리가 어떻게 들리나요?
그 소리를 표현해 보세요.

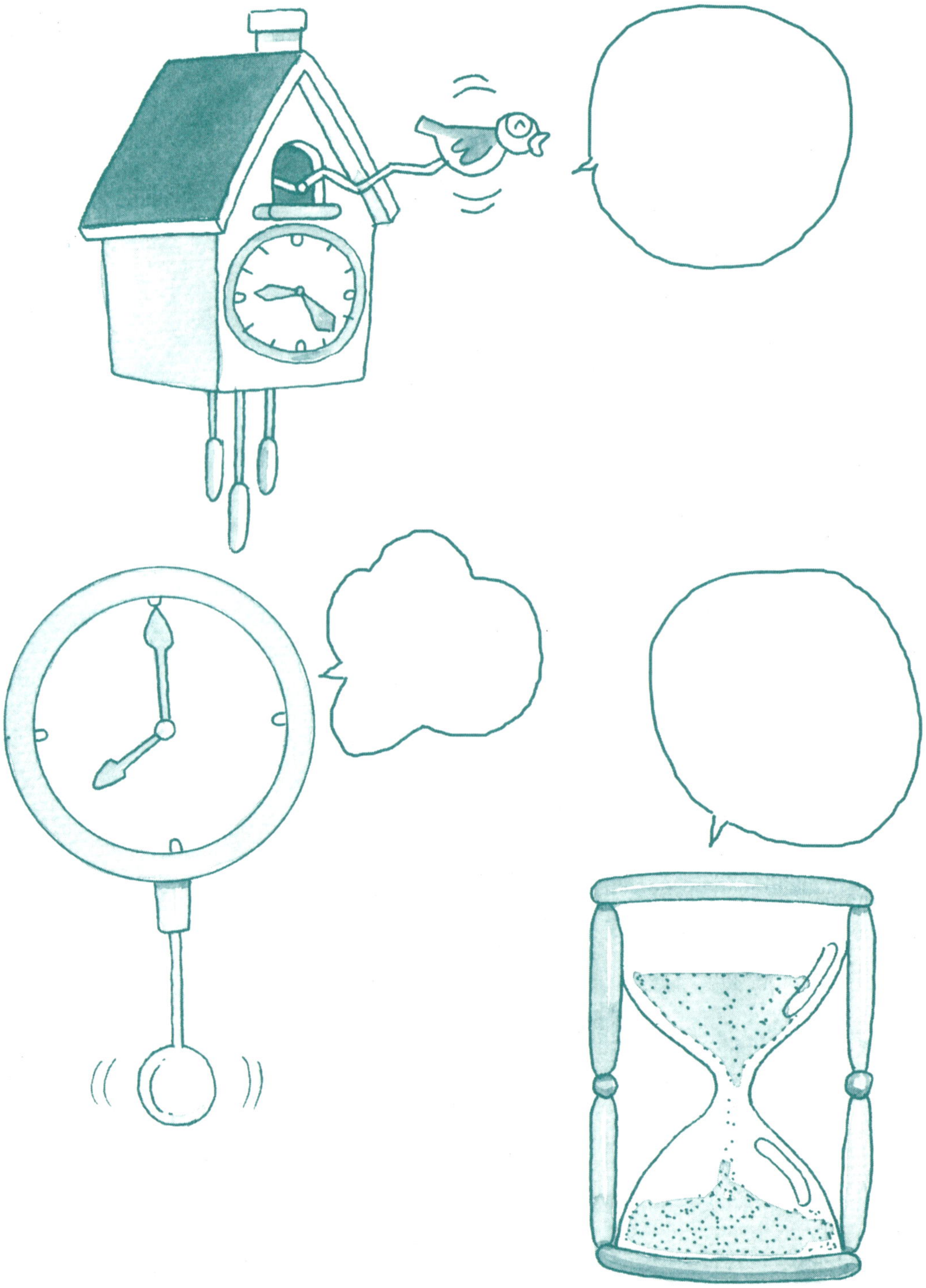

그 소리와 닮은 소리를 찾아보세요.

　시계 소리와 닮은 소리를 내는 것들을 찾아볼 수 있도록 유도해 보는 것도 좋습
니다.

오감각 경험 확장하기

여러 가지 냄새(향기)를 가지고 있는 것에는 무엇이 있을까요? 그림의 주인공들은 어떤 냄새(향기)를 가지고 있을까요?

자, 냄새(향기)를 맡아보세요. 냄새(향기)를 그림으로 그려보세요.

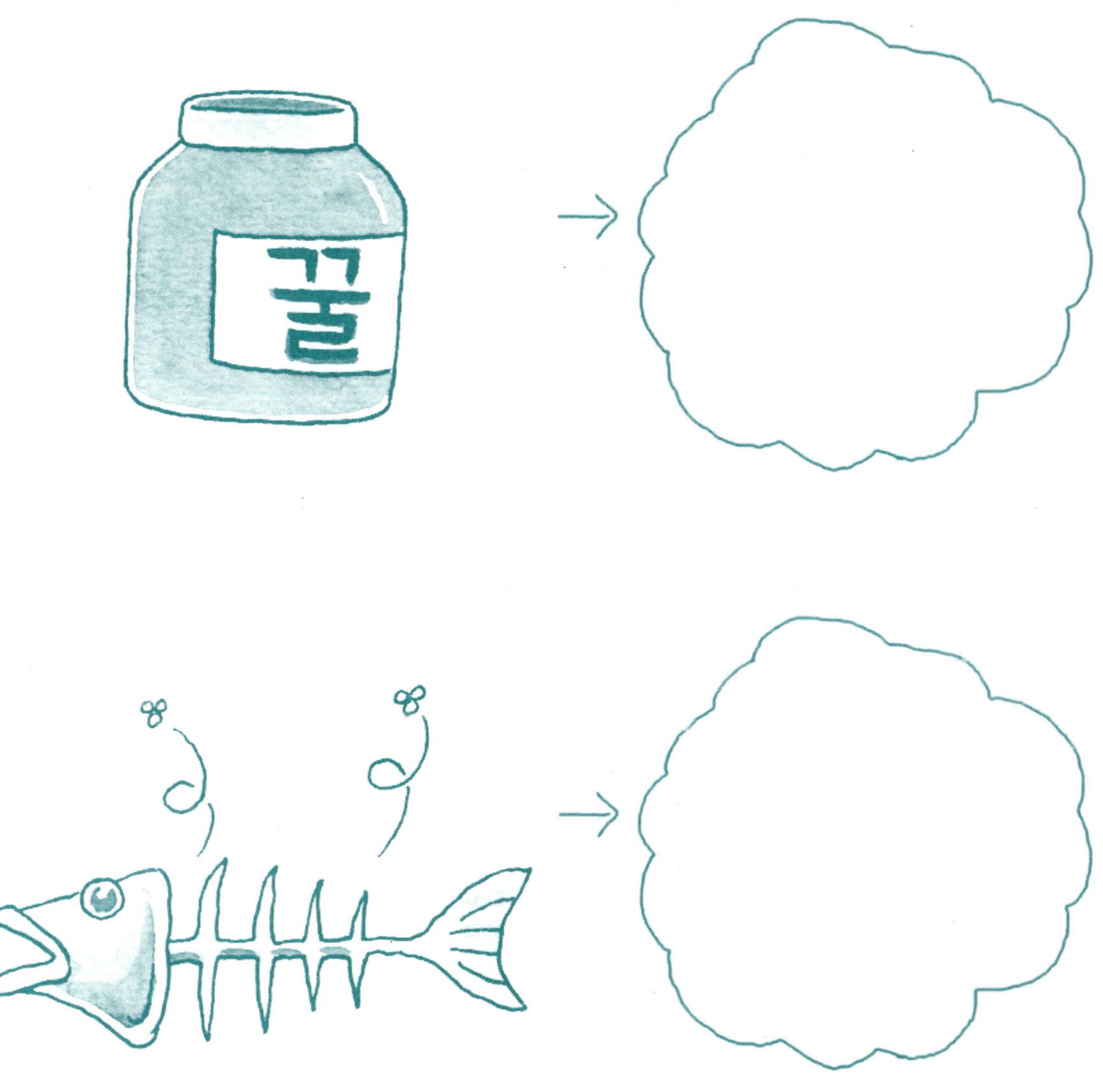

정해진 답이 없다는 걸 기억하십시오. 냄새를 맡고 그 냄새에 대한 느낌을 자유롭게 선으로 표현해 볼 수 있도록 격려해 주시기 바랍니다.

느낌이 다른 여러 가지 것들을 만져보세요
어떤 느낌이 드나요.

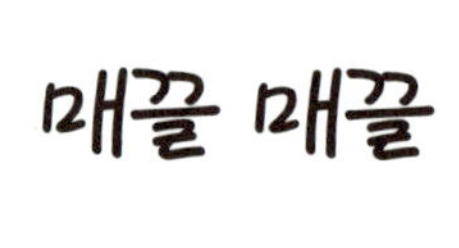

그 느낌을 몸으로 표현해 보세요.

매끌매끌	
거끌거끌	
울퉁불퉁	

도움말

유아가 표현한 모습 사진을 부치거나, 성인이 유아의 동작을 글로 적어주시기 바랍니다. 또한, 느낌이 같은 것들을 주변에서 민감하게 찾아볼 수 있도록 합니다.

나에게 아주 친숙한 가방이 있습니다. 그런데 그 가방을 한번도 본적이 없었던 것처럼 이상한 물건으로 생각하고 살펴보세요.

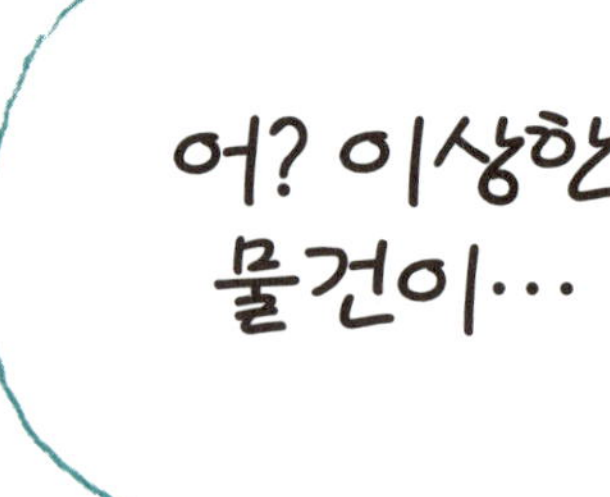

어떤 느낌이 드나요?
새롭게 발견한 것은 무엇인가요?

-   ______________________________________

-   ______________________________________

-   ______________________________________

-   ______________________________________

-   ______________________________________

-   ______________________________________

-   ______________________________________

-   ______________________________________

도움말

　　낯선 사물에 대하여 사람은 조심스럽지만 자세히 살펴보려고 합니다. 익숙한 물건이지만 새로운 시각으로 사물을 살펴보고, 그 사물의 특징을 좀더 민감하게 받아들일 수 있도록 유도해 주시기 바랍니다.

친밀한 것을 새롭게 표현하기

자신의 물건 중 가장 친숙하게 생각되는 것은 무엇인가요? 그 물건의 모양을 먼저 그려보세요.

자, 이번에는 그 물건을 전혀 모르는 이상한 것으로
생각하며 살펴보세요. 새롭게 발견한 것이 있나요.
그 물건을 다시 한 번 그려 보세요.

도움말

처음에 그렸던 것과 어떤 차이가 있는지 살펴볼 수 있도록 합니다.

친밀한 것을 새롭게 표현하기

내 장난감 중에 움직이는 장난감이 있나요? 그 중 하나의 장난감이 되어, 움직임을 몸으로 표현해 보세요.

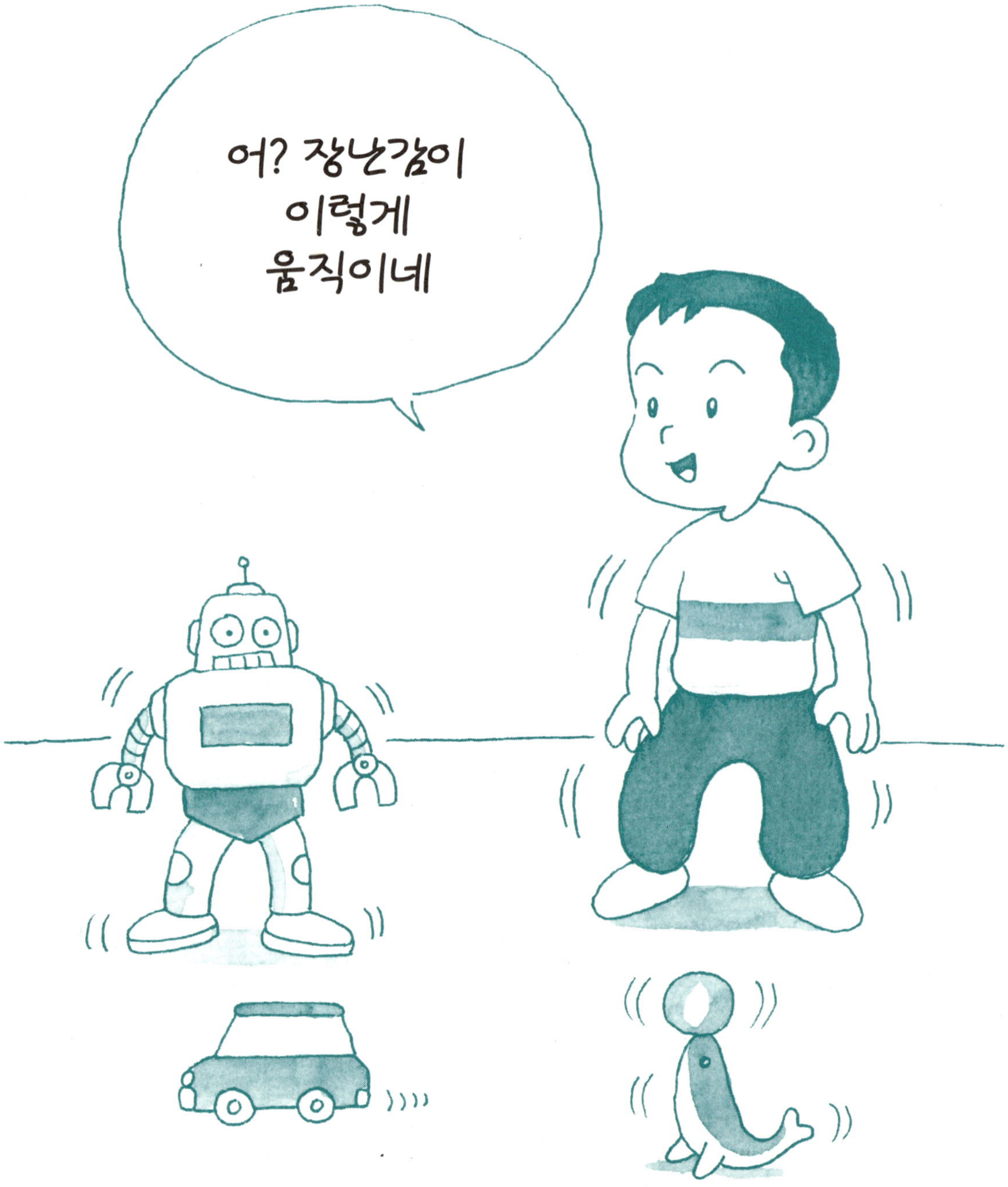

그 장난감을 처음 본 이상한 물건으로 생각하고,
움직임 하나하나를 살펴 보세요. 그런 후 장난감
의 움직임을 몸으로 나타내 보세요.

1. 이론적 기초

본 창의성 개발프로그램은 전경원의 종합 창의성 모델(A Comprehensive Creativity Model, ACCM)을 근간으로 하여 개발된 활동서이다. 종합 창의성 모델에서는 창의성 유형을 민감성 · 상상력 · 유창성 · 융통성 · 정교성 · 독창성 6가지로 보았고, 창의성 채널을 언어 창의성(말, 글), 도형 창의성, 소리 창의성, 동작 창의성, 조작 창의성 5가지로 구분하였다(표 참조).

종합 창의성 ACCM 모델

	초　급		중　급		고　급	
유형* 채널**	민감성 Sen (Sn)	상상력 Ima (Im)	유창성 Fln (Fl)	융통성 Flx (Fx)	정교성 Ela (El)	독창성 Org (Or)
언　어 창의성 L	L1(말) : L1 .Sn L2(글) : L2. Sn	L1. Im L2. Im	L1. Fl L2. Fl	L1. Fx L2. Fx	L1. El L2. E	L1. Or L2. Or
도　형 창의성 F	F. Sn	F. Im	F. Fl	F. Fx	F. El	F. Or
소　리 창의성 S	S. Sn	S. Im	S. Fl	S. Fx	S. El	S. Or
동　작 창의성 B	B. Sn	B. Im	B. Fl	B. Fx	B. El	B. Or
조　작 창의성 M	M. Sn	M. Im	M. Fl	M. Fx	M. El	M. Or

창의성 유형

Sen(Sensitivity, Sn): 민감성
Ima(Imagination,Im): 상상력
Fln(Fluency,Fl): 유창성
Fx(Flexibility): 융통성
Flx(Flexibility,Fx): 정교성
Org(Originality,Or): 독창성

창의성 채널

Linguistic Creativity(L): 언어 창의성
Figural Creativity(F): 도형 창의성
Sound Creativity(S): 소리 창의성
Behavioral Creativity(B): 동작 창의성
Manipuluative Creativity(M): 조작 창의성

표현영역

유아 종합 창의성 모델(ACCM)의 표현경로에 대하여 좀더 살펴보면 다음과 같다.

• 언어 창의성 Linguistic Creativity

'언어'란 생각, 느낌 따위를 나타내거나 전달하는데 쓰는 유성, 분자 따위의 수단 또는 그 음성이나 문자 따위의 사회관습적 전 체계를 의미한다. '언어 창의성'이란 말하기와 쓰기에서 창의성을 발휘하는 것으로 창의적으로 느끼거나 생각한 것을 말하거나 글로 표현하는 것을 의미한다.

• 도형 창의성 Figural Creativity

'도형(圖形)'이란 그림의 모양이나 형태로서 점, 선, 면 또는 변형된 다양한 점, 선, 면으로 이루어진 집합을 통틀어 이루는 말이며, '도형 창의성'이란 불완전한 점, 선, 면 등을 제시하고 완성하거나, 정확하게 알 수 없는 형태들을 보고 떠오르는 그림을 다양하고, 특이하고 정교한 그림을 창의적으로 표현하는 것을 의미한다.

• 동작 창의성 Movement Creativity

'동작 창의성'이란 신체를 움직여 1) 생물, 사물, 자연물, 사건 등과 같은 다양한 형태의 동작을 '모방 동작'을 하고, 2) 인간의 생각, 주변에서 흔히 일어나는 사건 및 다양한 감성과 느낌 및 분위기를 표현하고, 리듬과 동작의 아름다움을 표현하는 '표현 동작'을 의미한다.

• 소리 창의성 Sound Creativity

'소리 창의성'은 청각 활동으로 인해 다양한 소리를 기억하고 재생하면서 기존의 사람, 동물, 자연 미 생활도구의 소리를 다른 도구를 사용하여 소리를 만들어 새로운 음향을 만들어 내는 것을 의미하고, 나아가 이러한 소리들을 새롭게 재결합하여 사람의 목소리에 의한 성악과 악기에 의한 기악 영역에서 인간의 감정과 느낌, 생각을 전달, 표현하는 것을 의미한다.

• 조작 창의성 Manipulative Creativity

'조작 창의성'은 손으로 무엇인가를 주므르거나, 접거나, 누르거나, 움직이는 등 손으로 사물을 잘 다루어 창의적인 산출물을 만들어 내는 것을 의미한다.

☞ 본 창의성 개발프로그램에서는 5가지 표현영역 중 언어, 도형, 동작 창의성에 대하여 다루고 있다.

2. 창의성 개발로그램 활동구성

요소		활동 1			활동 2			활동 3			활동 4			활동 5		
		언어	도형	동작	언어	도형	동작	언어	도형	동작	언어	도형	동작	언어	도형	동작
수준 I	민감성	차이점 발견하기			닮은 점 발견하기			민감하게 사고하기			촉각을 통하여 느껴보기			미각을 통하여 반응하기		
	상상력	현재 있는 것을 없는 것처럼 생각하기			현재 없는 것을 있는 것처럼 생각하기			현재 존재하는 것을 축소하여 생각하기			현재 존재하는 것을 확대하여 생각하기			현재 존재하는 것을 변형하여 생각하기		
	유창성	상황이나 사물에 대하여 자유롭게 연상하기			사물을 속성별로 생각하기			제한된 범위에서 다양하게 떠올리기			사물을 다양하게 이용하기			상황에 맞춰 다양하게 생각하기		
	융통성	대상에 대한 시점을 변화시켜 바라보기			사물에 대처할 수 있는 아이디어 산출하기			서로 연관 없는 듯한 사물 결합하여 생각하기			기존과는 다른 수단으로 표현하기			상황에 적절하게 표현하기		
	독창성	새롭게 발명하기			제시된 상황에 새로운 아이디어 산출하기			기존의 생각이나 사물을 변형하여 생각하기			기존의 생각을 새로운 상황에 적용하기			기존의 생각이나 가치를 발전시켜 전환하기		
수준 II	민감성	당연한 현상에 대하여 의문갖기			자극에 적절한 반응하기			오감각 경험 확장하기			친밀한 것을 새롭게 표현하기					
	상상력	현재 존재하는 것의 입장을 바꿔 생각하기			현재 존재하는 것의 공간을 바꿔 생각하기			현재 존재하는 것의 위치를 바꿔 생각하기			가상적 상황을 현실로 떠올리기					
	유창성	연상되는 이미지 이어가기			형용사와 관련하여 연상하기			사물이나 현상을 속성별로 떠올리기			현상에 대하여 유창한 아이디어 떠올리기			현상에 대하여 유창성 아이디어 떠올리기(?)		
	융통성	결과에 맞춰 생각하기			어떤 대상이나 현상들을 상징화하여 나타내기			문제상황 해결하기			사물 또는 상황을 이용하여 방법 모색하기			제안된 상황에 대처하기		
	독창성	제안된 상황에 대하여 독특하게 사고하기			기존의 시각에서 탈피하여 독특하게 표현하기			기발한 방법으로 해결하기			기존의 생각이나 사물을 부정하고 새롭게 생각하기			다른 사람과 같지 않게 생각하여 표현하기		

각 활동에는 언어, 도형, 동작에 관련된 활동들이 제시되어 있다.

예를 들면 상상력 1) 현재 존재하는 것의 입장을 바꿔 생각하기에는

      ① 언어창의성 활동

      ② 도형창의성 활동

      ③ 동작창의성 활동으로 구분되어 제시되어 있다.

3. 창의성 개발프로그램 활용방법

첫째, 유아의 수준과 흥미를 적절히 고려하기

본 창의성 프로그램은 수준 I과 수준 II로 구분되어 있다. 수준 구분은 연령에 따라 나누어진 것이 아니며, 유아의 창의성 발달 정도에 따라 선택하여 진행할 수 있다. 예를 들면 상상력이 낮은 경우 연령에 상관없이 수준 I부터 적용한 후, 수준 II를 경험하는 것이 바람직할 것이며, 수준 I이 너무 쉬울 경우 수준 II를 할 수 있도록 한다.

활동을 진행하는 과정에서 유아가 어려워하는 경우라면 좀더 쉬운 소재나 현재 관심있는 소재로 바꾸어 제시하는 것이 좋으며, 활동에 제시된 상황이나 사물에 관련된 경험을 이야기 나누어 흥미를 유발할 수 있도록 한다. 또한, 활동에 제시된 사물이나 소재를 다양하게 바꾸어서 생각해 볼 수 있도록 격려한다면 유아가 창의적으로 사고하는데 더욱 풍부한 경험을 제공할 수 있을 것이다.

둘째, 표현영역을 통합하거나 전환하여 진행하기

본 개발프로그램 활동이 언어 · 도형 · 동작 창의성으로 구분 표현영역이 나누어져 있으나, 세 가지 표현영역을 종합해서 표현할 수 있도록 한다면 더욱 좋다. 예를 들면 언어 영역에 해당되는 활동을 진행할지라도, 도형이나 동작으로 표현해 볼 수 있도록 확장해 주는 것이다.

이와 다르게 경우에 따라서는 유아가 선호하는 표현영역이 있을 수 있다. 그리는 것을 좋아하는 유아의 경우 도형 창의성으로 표현하는 것을 선호할 수 있을 것이다. 이런 경우, 도형 창의성 활동이 아닐지라도 자연스럽게 그려보는 활동으로 전환하여 활동을 진행하는 융통성을 발휘할 수 있어야 한다.

셋째, 하위요소들의 연관성 기억하기

각 하위요소에 따라 개발프로그램을 구분해 두었으나, 서로 연관되며 여러 요소들을 포함하는 경우가 많다. 예를 들면 독창성 관련 개발프로그램 활동에 융통성, 유창성, 상상력을 기초로 하여 독창성을 발휘할 수 있도록 유도하는 활동이 있을 것이다. 이는 독창성 뿐만 아니라 다른 하위요소들 또한 서로 연결되거나 다른 하위요소들을 포함하는 경우가 있음을 기억하고 활동을 진행하는 것이 좋다.

넷째, 도우미/참여자/촉진자의 역할 수행하기

유아의 문자표현 능력이 부족할 경우 성인이 기록해 줄 수 있도록 하며, 동작 활동의 경우 유아가 표현한 동작을 개발프로그램에 그대로 나타낼 수 없으므로 사진을 찍어 붙여주거나, 유아의 행동을 글이나 그림 등으로 풀어서 적어주는 것이 바람직하다.

또, 성인은 각 활동에 정답이 없음을 명심하여 유아에게 놀이하듯이 활동을 소개하는 것이 필요하며, 성인도 활동의 구성원이 되어 아이디어 산출에 참여하므로써 유아에게 촉매제 역할을 제공할 수 있어야 한다.

다섯째, 생활 속에서 자연스럽게 접근하기

본 창의성 개발프로그램에 제시된 활동들을 토대로 하여, 일상 생활 속에서 유아가 자연스럽게 창의성 활동을 경험할 수 있도록 하는 것이 필요하다. 예를 들면 여행을 하면서 일어날 수 있는 문제 상황을 제시하여 융통성 있게 해결해 볼 수 있는 아이디어를 유도하거나, 시장에 가서 경험하는 것들을 통하여 재미있는 상상력을 발휘할 수 있도록 격려할 수 있어야 한다.

21세기는 창의적인 인재를 요구한다

저마다의 개성과 톡톡 튀는 아이디어가 강조되는 요즘, 남과는 다른 자기만의 능력개발이 주요 관건이 되고 있습니다. 어떤 분야에서 창의성을 발휘할 수 있다면 그만큼 그 분야에서 성공할 가능성 또한 높아질 것입니다.

현대 사회에서는 유아기의 창의력을 조기에 발견하여 적절한 진로안내를 통해, 그쪽 방면으로의 창의적인 능력과 태도를 계발시키고, 유아기부터 잠재능력이나 적성을 발견하고 강한 동기를 유발시킬 수 있는 교육환경의 조성이 요구됩니다.

창의성이란 천재와 같은 특정인의 특정 영역에서만 나타나는 것이 아니라, 인간 모두가 지니고 있는 보편적 특성이며 환경의 조건에 따라 증가 또는 감소될 수 있습니다. 따라서 검사를 통해 현재의 창의성 정도를 알아보고, 창의성 발달 정도에 따라 유아의 창의성이 더욱 증진·발전될 수 있도록 지도하고 도와야 합니다.

본 검사는 4개의 하위검사를 통해 창의성의 주요 척도인 **유창성, 융통성, 독창성, 상상력**을 측정 진단하고, **언어·도형·신체** 등 각 영역별 창의성과 이 모두를 종합하여 분석하는 종합진단의 세 측면에서 아동의 창의성을 분석해 줍니다.

1. **빨간색 연상하기** : 다른 색보다 유아에게 친숙한 색깔인 빨간색을 보고 어떤 목적을 정하지 않고 우연히 떠오른 이미지로부터 출발하여 자유로운 연상을 통해 떠오르는 사물이나 느낌 등을 적게 하여 유창성, 융통성, 독창성 및 언어영역의 창의성을 측정합니다.
2. **도형 완성하기** : 200개 이상의 한국적인 도형 중에서, 창의력을 측정하는 데 적절한 불완전 도형인 태극무늬의 가운데 선(영문의 S자와 같은 도형)을 제시하고 이를 이용해 아동이 완성한 그림을 바탕으로 유창성, 융통성, 독창성 및 도형영역의 창의성을 측정합니다.
3. **동물 상상하기** : 전래동화나 우화에 등장하는 5마리의 동물에 대한 설명을 읽어주고 아동이 나름대로 이 동물을 상상하여 동작으로 흉내내어 보는 것을 통해 상상력과 신체영역의 창의성을 측정합니다.
4. **색다른 나무 치기** : 토란스의 종이컵 놀이와 우리의 전통놀이 중 하나인 비석치기를 접목한 새로운 형태의 하위검사로서 2개의 나무토막 중 하나를 세우고 다른 하나로는 세운 나무를 쓰러뜨리는 반응을 보고 유창성, 융통성, 독창성 및 신체영역의 창의성을 측정한다.

유아 종합 창의성 검사의 특징

- 한국 고유의 전통적 특성과 유아기 발달적 측면을 잘 접목시킨 한국형 검사 : 전통놀이나 전래동화 및 전통문양을 응용한 하위검사를 사용하였습니다.
- 언어, 도형, 신체의 다양한 측면에서 창의성 능력을 평가 : 아동의 표현영역에 대한 선호도나 특성을 파악하는 데 도움을 주고, 측정편파의 오류를 최소화하였습니다.
- 창의성 척도를 유창성, 융통성, 독창성, 상상력으로 나누어 측정하며, 특히 창의적 능력과 성향의 밑거름이라 할 수 있는 상상력을 추가하여 측정요소의 차별화를 꾀하였습니다.
- 결과 해석시 단순한 점수의 양적인 나열이 아닌 개인별 특성에 맞는 진로안내와 추후 지도방안 및 활동예를 포함시켜 부모와 교사에게 다양한 정보를 제공해 줄 수 있습니다.
- 창의성을 유창성, 융통성, 독창성, 상상력으로 나누어 비교함은 물론, 언어 영역, 도형 영역, 신체 영역에서의 창의성 발달 정도를 한눈에 파악할 수 있는 개인 프로파일이 제공되어 각 영역 및 특성별로 발달된 부분은 무엇이며, 상대적으로 취약한 부분은 무엇인지를 한눈에 비교할 수 있으며, 이와 함께 부족한 부분의 능력을 신장시킬 수 있는 구체적인 활동예를 제시해 줌으로써 부모나 교사의 실제적인 아동지도에 도움을 줄 수 있습니다.

검사의 구성 및 가격　검사 실시 요강 , 창의성 검사지, 색다른 나무치기용 목각 1Set, 빨간색 연상하기용 칼라시트 및 색다른 나무치기 채점 기준표: 검사는 각 5,000원이며 결과처리비용이 포함된 가격입니다.

창의성! 이제는 과학적인 진단이 필요합니다

저마다의 개성과 톡톡 튀는 아이디어가 강조되는 요즘, 남과는 다른 자기만의 능력개발이 주요 관건이 되고 있습니다. 최근 들어 창의성에 대한 관심이 고조됨에 따라, 유아의 창의성 수준에 대한 조기진단과 조기교육 개입의 중요성과 표준화된 창의성 검사 도구지의 필요성이 인식되고 있습니다.

하지만 유아의 경우, 피검사자의 언어 표현력이 부족하여 유아의 창의적인 반응을 측정하기 어려운 경우가 있고, 제한적인 반응만 측정할 수 있다는 문제점을 가지고 있습니다. 이러한 유아의 언어 발달적 특성을 고려하여, 유아에게는 언어보다는 도형을 통해 창의성을 측정하는 것이 적합하다고 여겨져 본 도형검사를 개발하게 되었습니다.

유아 도형 창의성 검사의 특징

- 본 검사는 가형과 나형의 동형검사로 개발되어 있어, 사전과 사후 검사로 실시하였을 때 발생할 수 있는 연습의 효과를 최소화할 수 있으므로, 보다 신뢰롭고 타당한 검사 결과를 제공하고 있습니다.
- 본 검사는 전통문양뿐 아니라 의생활 및 주생활과 관련된 사물의 일부분 형태를 자극도형으로 사용함으로써, 한국인의 생활 정서나 의식을 독창적으로 반영한 창의성 검사입니다.
- 본 검사에서는 유창성 · 독창성 · 민감성은 물론 개방성을 측정할 수 있기 때문에, 유아기의 창의적인 능력과 성향을 동시에 파악할 수 있는 효과적인 검사입니다.
- 본 검사 결과 해석 시 개인의 수준에 적절한 지도 방안 및 활동의 예를 제시함으로서, 교육기관과 가정에서 유아의 창의성 발달을 위한 구체적인 역할을 수행하는데 충분한 도움을 제공하고 있습니다.

이러한 취지와 특징을 가진 본 검사는 창의성의 주요 척도인 유창성 · 독창성 · 민감성 · 개방성을 측정하는 도형 검사 도구로써, 검사를 통하여 유아의 잠재적인 창의성을 측정하고, 이를 토대로 추후에 창의적인 능력과 특성이 더욱 발달될 수 있도록 교육적 도움을 제공하는 데 의의를 두고 있습니다.

검사의 구성

본 도형 창의성 검사는 2개의 소검사로 구성되어 있습니다.

1. **으뜸 도형으로 그리기**   갓의 일부분을 선으로 제시하고(18개), 이를 이용하여 연상되는 모양으로 완성시키도록 하는 검사로서 유창성과 독창성을 측정한다.
2. **자극 도형으로 그리기**   불완전한 형태의 5개 도형(갓의 일부분과 갈지(之)의 변형, 수막세의 일부분, 태극무늬의 일부분, 점)을 이용하여 자유롭게 완성하도록 하는 하위검사로서 개방성과 민감성을 측정한다.

검사의 구성 및 가격   검사 실시 요강(15,000원), 검사지(5.000원; 결과처리비용 포함)

개발자 전경원

http://www.KOCERI.com
http://www.centerworld.net/jeonkw
jeon33@unitel.co.kr
jeon36@hotmail.com

약력

· 현 광주대학교 유아교육과 부교수
· 현 아시아-태평양 영재학회 상임고문
· 현 서봉 창의성 개발 연구소 소장
· 현 Gifted Education International 학술지 편집위원
· 현 유아창의연구회 편집장
· 현 한국 창의력 교육학회 부회장
· 현 사상체질 · 창의연구회 회장
· 현 하버드 대학교 객원연구원
· 퍼듀대학교 특수교육과 객원교수
· 아시아-태평양 영재학회 부회장
· 국제영재학회 한국대표위원
· 퍼듀대학교 교육심리학과 (영재교육 전공) 철학박사
· 퍼듀대학교 부속 영재교육 연구소 연구원

저서 및 역서

· 저서: 동서양의 하모니를 위한 창의학(2000, 학문사, 저) 외 11권
· 역서: 창의적인 교사, 창의적인 학생(창지사, 2001 공역)외 5권
· 교육활동자료서: 전 교수의 창을 요리로 확열자(창지사, 2000)외 7권

논문, 검사도구, 특허

· 논문: 만 5세 조기입학에 대한 연구(2001) 외 30여편
· 검사도구: 유아 도형 창의성 검사, K-FCTYC(2001, 학지사)
· 검사도구: 유아 종합 창의성 검사, K-CCTYC(2000,재표준화, 학지사)
· 특허: 유아용 복합 교구 특허, 독일 국제 발명전 동상(1996)

창의성 개발프로그램 (민감성 II)
2002년 8월 25일 1판 1쇄 인쇄
2002년 9월 1일 1판 1쇄 발행
지은이 · 전경원
펴낸이 · 김진환
펴낸곳 · **학지사**
120-193 서울시 서대문구 북아현3동 187-10 혜전빌딩 2층
편집부 · 363-8661 영업부 363-1333 팩스 365-1333
등록 · 1992년 2월 19일 제2-1329호
홈페이지 www.hakjisa.co.kr

ISBN 89-7548-734-2
ISBN 89-7548-732-6(set) 94370
값 3,000원

민감성 : 지각력과 관계가 있어 주변 환경에서 오감을 통해 들어오는 다양한 정보들에 대해 민감한 관심을 보이고, 이를 통하여 새로운 영역을 탐색해 나가는 능력을 의미한다.

상상력 : 과거의 경험을 기초로 해서 앞으로의 행동을 계획하도록 하는 새로운 표상을 만드는 능력이다. 상상력은 현실을 토대로 생각을 창조적으로 반영한 것으로 상상력이 발달하려면 이전의 경험이 축적되어야 한다. 또, 여러 다른 심상을 새로운 상황 속에서 통합할 수 있는 능력이 있어야 하고, 또한 현실에서 일어날 수 있는 가능한 변화를 깨닫는 능력의 발달이 필요하다.

유창성 : 특정한 상황에서 가능한 많은 양의 아이디어나 해결책을 산출해내느냐 하는 아이디어의 풍부함과 관련된 양적인 능력이다. 따라서 반응의 질이 문제가 아니라 양이 중요하므로 자연스러운 분위기 속에서 많은 양의 아이디어를 낼 수 있도록 해야 한다.

융통성 : 고정적인 사고 방식이나 시각자체를 변화시켜 다양하고 광범위한 아이디어나 해결책을 산출해 내는 능력이다. 즉, 어떤 문제를 해결하거나 아이디어를 내는데 한가지 방법에 집착하지 않고, 여러 가지 방법으로 접근하여 반응하려고 하는 능력이다.

독창성 : 기존의 사고에서 탈피하여 희귀하고, 참신하며 독특한 아이디어나 해결책을 산출하는 능력으로 창의적 사고의 궁극적인 목표라고 할 수 있다. 유연한 사고에서 진전하여 자기만의 독특한 아이디어를 산출하는 능력으로, 의식적으로 노력하는데서 아이디어가 나올 수 있다.

94370

9 788975 487347
ISBN 89-7548-734-2
ISBN 89-7548-732-6(set)

11일에 완성하는
서경석의

한국사
능력검정시험

심화(1·2·3급)

시험 만점 노하우가 담긴 저자 직강 무료 동영상

서경석 지음 | 김유선 감수

다락원

저자 **서경석**

늘 역사에 관심이 많았고 좀 더 제대로 알고 싶어 한국사 공부에 전념했다. 한국사능력검정시험을 응시해서 2025년 73회 시험에서 만점을 받았다. 재능나눔으로 평균 연령 69세 어르신들을 대상으로 복지관에서 한국사능력검정시험 강의도 진행했다.

수험생의 입장에서 한국사능력검정시험을 공부하기도 하고, 강사의 입장에서 한국사를 강의하면서 그간 쌓인 모든 노하우를 집약하여 〈11일에 완성하는 서경석의 다이어트 한국사능력검정시험(심화)〉를 집필했다.

EBS 〈최태성 서경석의 여행본색〉, D'LIVE TV 〈히스토리야〉 등 한국사 관련 방송을 진행했고 한국사 관련 여러 강연과 홍보대사로 활발하게 활동하고 있다. 앞으로도 한국사에 대한 애정 어린 관심을 가지고 많은 사람들에게 다양한 한국사 콘텐츠를 전달해 줄 것이다.

- 서울대 불어불문학과 학사, 중앙대 신문방송학 석사
- 한국사능력검정시험 1급, 한국어교원자격 2급, 공인중개사 자격증 취득
- 대표 저서: 〈서경석 한국사능력검정시험 심화 기출문제집〉, 〈서경석의 한국사 한권〉, 〈화살코 서경석 쌤의 콕콕 한국사 일력 365〉 등
- 유튜브 채널: 그래서경석(@sokyungsuk)

감수 **김유선**

경희대 사학과를 졸업했다. 단순한 과거의 사실이 아니라 의미 있는 역사를 가르치고 싶어 2002년부터 학교에서 학생들을 가르치고 있다.

- 경희대 사학과 학사